sommaire

Nathalie Sarraute

Annie Angremy *

Avant-propos
page 3

Nathalie Sarraute
page 5

I. **Naissance d'un écrivain : Tropismes** *(1939)*
page 7

II. **Les romans du « je », chasseur de tropismes**
page 10

III. **L'Ère du soupçon** *(1956)* **et le Nouveau Roman**
page 17

IV. **Le Planétarium** *(1959)*
page 20

V-VI. **Les romans de la création**
page 23

VII-VIII-IX. **Le Théâtre**
page 30

X. **Usage de la parole - usage de l'écrit**
page 45

XI. **Enfance (1983)**
page 52

XII. **Nathalie Sarraute aujourd'hui,** Ici *(1995)*
page 55

Repères chronologiques
page 59

Bibliographie
page 65

Programmes audiovisuels
page 71

* Archiviste-paléographe, conservateur général au département des manuscrits de la Bibliothèque nationale de France, Annie Angremy a été commissaire de l'exposition *Nathalie Sarraute. Portrait d'un écrivain* au printemps 1995. Elle a publié en 1994 *Les plus beaux manuscrits des romanciers français*, dans la collection « La mémoire de l'encre » (BNF, Robert Laffont) et est co-directeur de la nouvelle édition des *Œuvres* de Raymond Roussel (SN Pauvert/Fayard).

Yves Mabin

Avant-propos

Le ministère des Affaires étrangères, en collaboration avec l'Association pour la diffusion de la pensée française, rend hommage à de grands auteurs français en faisant mieux connaître à l'étranger leur œuvre par des expositions documentaires, des livrets biobibliographiques, des portfolios, en envoyant leurs livres dans des bibliothèques à l'étranger et en aidant des éditeurs étrangers à les publier.

Parallèlement à La Fontaine, Descartes, Sévigné, Voltaire, Maupassant dont on commémorait naissance ou mort, nous avons souhaité célébrer des écrivains contemporains : Lévi Strauss, Giono, Malraux…

Grâce à Annie Angremy, commissaire de l'exposition *Nathalie Sarraute, portrait d'un écrivain*, présentée en 1995 à la Bibliothèque nationale de France où elle est conservateur général, le ministère des Affaires étrangères est particulièrement heureux de rendre hommage à Nathalie Sarraute, l'un des plus grands auteurs de langue française, inventeur d'une forme nouvelle du roman, dramaturge singulière, dont l'œuvre traduite en plus de trente langues vient d'être éditée par Jean-Yves Tadié dans la collection de La Pléiade.

Je souhaite remercier Annie Angremy qui nous a fait profiter de sa connaissance rigoureuse de l'œuvre et de la confiance que lui accorde l'auteur, ainsi que la Bibliothèque nationale de France.

Sous-directeur de la Politique du livre et des bibliothèques.

Destiné à accompagner l'exposition documentaire en douze panneaux ce livret privilégie les citations d'œuvres et d'entretiens de Nathalie Sarraute.

« *Quand je lis un article critique, c'est aux citations que je vais d'abord, puis ayant pris contact avec le texte – un contact si direct et si spontané qu'aucun commentaire venu du dehors ne pourra le modifier – je lis avec intérêt ce qu'en dit le critique, je relis les citations à cette lumière, je cherche à retrouver ce qu'il y a vu – ce qui parfois enrichit ma relecture, sans jamais me faire perdre ma première impression.* » (N.S., « Ce que je cherche à faire », *Nouveau Roman : hier, aujourd'hui II. Pratiques,* Paris, 1972, p. 36. Contribution de Nathalie Sarraute à la Décade de Cerisy sur le Nouveau Roman en 1971.)

Annie Angremy

Nathalie Sarraute

« Il me semble, quant à moi, qu'au départ de tout il y a ce qu'on sent, le "ressenti", cette vibration, ce tremblement, cette chose qui ne porte aucun nom, qu'il s'agit de transformer en langage. Elle se manifeste de bien des façons…
Parfois d'emblée, par des mots, parfois par des paroles prononcées, des intonations, très souvent par des images, des rythmes, des sortes de signes, comme des lueurs brèves qui laissent entrevoir de vastes domaines… Là est la source vive. »
(N.S., Entretien avec Geneviève Serreau, *La Quinzaine littéraire*, 1er - 15 mai 1968.)

Nathalie Sarraute s'impose comme l'un des grands écrivains de notre siècle. Écrivain français, par les hasards de la vie. Née en 1900 à Ivanovo-Voznessensk, près de Moscou, Nathalie Tcherniak connaît une enfance partagée entre la Russie et la France, où elle s'installe définitivement en 1909. Après une licence d'anglais, des études d'histoire et de sociologie, elle fait une licence de droit. Elle épouse, en 1925, l'avocat Raymond Sarraute. Inscrite au barreau de Paris, elle plaide de petites affaires en correctionnelle jusqu'en 1941.

Fervente lectrice depuis son enfance, elle découvre, dans les années vingt-cinq, Proust, Joyce et Virginia Woolf, qui bouleversent sa conception du roman. En 1932, elle écrit les premiers textes de *Tropismes*, publié en 1939, et dès lors se consacre entièrement à l'écriture, loin de tout milieu littéraire, dans un isolement et une incompréhension presque totale pendant près de vingt-cinq ans. *L'Ère du soupçon* (1956), textes fondateurs du Nouveau Roman, et *Le Planétarium* (1959) marquent sa consécration dans le monde entier.

Dans les années soixante, elle s'attache au problème de la création, avec trois romans, dont le premier, *Les Fruits d'or*, obtient le Prix International de Littérature en 1964. Elle découvre en même temps les ressources d'un « théâtre de langage » et écrit six pièces entre 1963 et 1980, dérivatif et prolongement de son œuvre romanesque.

Depuis une vingtaine d'années, elle poursuit sa recherche sur « l'usage de la parole », titre du livre publié en 1980, en un retour

Les références aux pages des œuvres renvoient à la collection « Folio », Gallimard.

aux sources mêmes des tropismes, dégagée de toute fiction. Elle vient de publier *Ici* en 1995.

« Son œuvre est sans équivalent dans la littérature, œuvre singulière et difficile en ce qu'elle est née du souci d'exprimer ce qui ne l'avait jamais été, de mettre à jour, par et contre le langage, ce qui ne semblait pas en relever – ces infimes mouvements de l'intériorité qu'elle nomma tropismes – et de définir pour cela une forme nouvelle qui dépasse les limites traditionnelles du roman. Mais c'est une œuvre révélatrice, aussi, des interrogations et des recherches de son temps, et dont le succès et la diffusion en plus de trente langues disent assez combien de lecteurs elle a su toucher. » (Jean Favier, préface de *Nathalie Sarraute. Portrait d'un écrivain*, BNF, 1995, p. 3.)

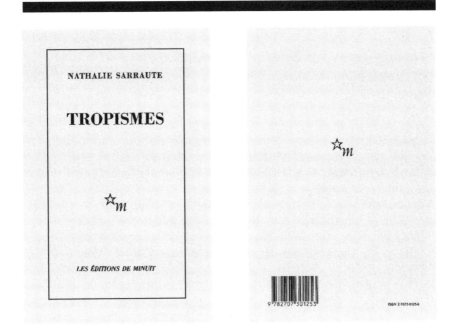

I. Naissance d'un écrivain : *Tropismes* — 1939

« *Je croyais que le roman, pour parler avec Flaubert, doit toujours apporter de nouvelles formes et une nouvelle substance. Et je croyais que l'on ne doit écrire que si l'on éprouve quelque chose que d'autres écrivains n'ont pas déjà éprouvé et exprimé.* »
(N.S., « Conversation avec François Bondy », dans Y. Belaval et M. Cranaki, *Nathalie Sarraute,* Gallimard, 1965, p. 213.)

Sans doute est-ce cette obstination à trouver son propre domaine qui empêche longtemps Nathalie Sarraute de passer à l'écriture. En 1932, elle écrit les deux premiers textes – de « petits poèmes en prose » – du recueil achevé en 1937, auquel elle donne, par analogie avec les mouvements de certains organismes sous l'effet d'une excitation extérieure, le titre de *Tropismes*, devenu le symbole de toute son œuvre. Refusé par plusieurs éditeurs, le livre, publié en février 1939 chez Denoël, passe totalement inaperçu, malgré les témoignages personnels de Max Jacob et de Jean-Paul Sartre. Seul le critique belge Victor Moremans lui consacre un article d'une rare perspicacité, soulignant la poésie d'un livre, « dont le charme principal naît surtout de son imprécision et de ce qu'il a de fuyant et d'insaisissable »… et qui « peut être considéré comme l'échantillon avant-coureur d'une œuvre dont l'acuité et la profondeur nous surprendront peut-être un jour. »
(*Gazette de Liège,* 24 mars 1939).

L'édition originale comprenait dix-neuf textes, la réédition aux Éditions de minuit, en 1957, après le succès de *L'Ère du soupçon,* comporte six nouveaux textes, écrits dès 1939, et supprime un texte que l'écrivain jugeait trop « daté ».

Préface à *L'Ere du soupçon*, 1964, p. 8-9.

« J'ai commencé à écrire *Tropismes* en 1932. Les textes qui composaient ce premier ouvrage étaient l'expression spontanée d'impressions très vives, et leur forme était aussi spontanée et naturelle que les impressions auxquelles elle donnait vie.

Je me suis aperçue en travaillant que ces impressions étaient produites par certains mouvements, certaines actions intérieures sur lesquelles mon attention s'était fixée depuis longtemps. En fait, me semble-t-il, depuis mon enfance.
Ce sont des mouvements indéfinissables, qui glissent très rapidement aux limites de notre conscience ; ils sont à l'origine de nos gestes, de nos paroles, des sentiments que nous manifestons, que nous croyons éprouver et qu'il est possible de définir. Ils me paraissaient et me paraissent encore constituer la source secrète de notre existence. [...]
Leur déploiement constitue de véritables drames qui se dissimulent derrière les conversations les plus banales, les gestes les plus quotidiens. Ils débouchent à tout moment sur ces apparences qui à la fois les masquent et les révèlent.
Les drames constitués par ces actions encore inconnues m'intéressaient en eux-mêmes. Rien ne pouvait en distraire mon attention. Rien ne devait en distraire celle du lecteur : ni caractères des personnages, ni intrigue romanesque à la faveur de laquelle, d'ordinaire, ces caractères se développent, ni sentiments connus et nommés. À ces mouvements qui existent chez tout le monde et peuvent à tout moment se déployer chez n'importe qui, des personnages anonymes, à peine visibles, devaient servir de simple support.
Mon premier livre contenait en germe tout ce que, dans mes ouvrages suivants, je n'ai cessé de développer. Les tropismes ont continué à être la substance vivante de tous mes livres. »

N.S., « Le langage dans l'art du roman ». Conférence prononcée au Japon en 1970. A propos du « Tropisme IX »,
S. Benmussa, *Nathalie Sarraute, qui êtes-vous ?*, Lyon, la Manufacture, 1987, p. 194

« La seule chose dont je sois sûre, c'est la sincérité de mon effort pour dégager une sensation qui me paraissait encore inexprimée, pour la débarrasser de ce qui l'encombre et m'efforcer, comme je le pouvais, de la faire vivre au moyen du langage. »

Tropismes, Editions de Minuit, 1957, p. 57-58 (extrait du « Tropisme IX »)

Elle était accroupie sur un coin du fauteuil, se tortillait, le cou tendu, les yeux protubérants : « Oui, oui, oui, oui » disait-elle, et elle approuvait chaque membre de phrase d'un branlement de la tête. Elle était effrayante, douce et plate, toute lisse, et seuls ses yeux étaient protubérants. Elle avait quelque chose d'angoissant, d'inquiétant et sa douceur était menaçante.

Il sentait qu'à tout prix il fallait la redresser, l'apaiser, mais que seul quelqu'un doué d'une force surhumaine pourrait le faire, quelqu'un qui aurait le courage de rester en face d'elle, là, bien assis, bien calé dans un autre fauteuil, qui oserait la regarder calmement, bien en face, saisir son regard, ne pas se détourner de son tortillement. « Eh bien ! Comment allez-vous donc ? » il oserait cela. « Eh bien ! Comment vous portez-vous ? » il oserait le lui dire – et puis il attendrait. Qu'elle parle, qu'elle agisse, qu'elle se révèle, qu'elle sorte, que cela éclate enfin – il n'en aurait pas peur.

II. Les romans du « je », chasseur de tropismes

En 1948 et 1953, Nathalie Sarraute publie ses deux premiers romans, qui ne rencontrent presque aucun écho. Dans *Portrait d'un inconnu*, comme dans *Martereau*, un « je » hypersensible, narrateur et « chasseur de tropismes », cherche à capter les mouvements secrets qui sous-tendent le comportement en apparence banal des personnages, jamais nommés, qui le fascinent.

« [...] je ne pensais pas, à ce moment-là [en écrivant Tropismes*], que je pourrais écrire des romans parce qu'il me semblait que des personnages bien définis et une intrigue empêcheraient de voir ces mouvements qui devaient attirer exclusivement mon attention et celle du lecteur. Puis, en travaillant, j'ai vu que pour progresser il fallait permettre à ces mouvements de se déployer, et pour cela les suivre sur un même personnage, sur deux personnages qui seraient dans un état de conflit permanent. »*
(N.S., Conférence prononcée à Milan en 1959, au cours d'un débat sur le Nouveau Roman, éd. Catalogue de l'exposition *Nathalie Sarraute. Portrait d'un écrivain*, Bibliothèque nationale de France, 1995, p. 21.)

Portrait d'un inconnu   1948

Écrit entre 1941 et 1946, *Portrait d'un inconnu* aura les mêmes difficultés que *Tropismes* à trouver un éditeur, malgré une préface de Jean-Paul Sartre, qui en donne un passage, en janvier 1946, dans sa revue *Les Temps modernes*. Le livre est finalement publié en 1948 chez un petit éditeur, Robert Marin. Il en vendit environ quatre cents exemplaires et mit le reste au pilon.

« Un anti-roman qui se lit comme un roman policier. » De la préface de Sartre, on ne retint souvent que cette définition quelque peu réductrice, et non la magnifique conclusion sur le « livre difficile et excellent » de Nathalie Sarraute.

« Le meilleur de Nathalie Sarraute, c'est son style trébuchant, tâtonnant, si honnête, si plein de repentir, qui approche de l'objet avec des précautions pieuses, s'en écarte soudain par une sorte de pudeur ou par timidité devant la complexité des choses et qui, en fin de compte, nous livre brusquement le monstre tout baveux, mais presque sans y toucher, par la vertu magique d'une image. Est-ce de la psychologie ? Peut-être Nathalie Sarraute, grande admiratrice de Dostoïevsky, voudrait-elle nous le faire croire. Pour moi je pense qu'en laissant deviner une authenticité insaisissable, en montrant ce va-et-vient incessant du particulier au général, en s'attachant à peindre le monde rassurant et désolé de l'inauthentique, elle a mis au point une technique qui permet d'atteindre, par delà le psychologique, la réalité humaine, dans son *existence* même. » (Jean-Paul Sartre, 1947, p. 15)

N.S., Entretien avec Marc Saporta, *L'Arc*, n° 95, 1984, p. 6

« En réalité, je suis partie de Balzac […] mais ce qui m'intéressait, c'était de découvrir comment un moderne écrirait aujourd'hui *Eugénie Grandet*. Sans prétendre, bien sûr, à égaler en qualité ce chef-d'œuvre. Ce qui me paraissait important, ce n'était pas l'histoire telle que la racontait le roman traditionnel, mais une autre histoire, celle des mouvements sous-jacents de la conscience – ce que j'appelle les "tropismes".
De sorte qu'il y a, dans ce roman, des personnages en trompe-l'œil qui ne m'intéressent pas, et des mouvements à l'intérieur

d'eux-mêmes et que je cherche à recréer. En fait, je suis plutôt cet observateur qui se passionne pour ce qui se passe d'encore inconnu chez le père et chez la fille et qui est "chasseur de tropismes". Tout ce qui l'intéresse, c'est de trouver ces tropismes. »

Portrait d'un inconnu, p. 80

Il me parut, cette fois, plutôt plus étrange encore qu'il ne m'avait paru autrefois. Les lignes de son visage, de son jabot de dentelles, de son pourpoint, de ses mains, semblaient être les contours fragmentaires et incertains que découvrent à tâtons, que palpent les doigts hésitants d'un aveugle. On aurait dit qu'ici l'effort, le doute, le tourment avaient été surpris par une catastrophe soudaine et qu'ils étaient demeurés là, fixés en plein mouvement, comme ces cadavres qui restent pétrifiés dans l'attitude où la mort les a frappés. Ses yeux semblaient avoir échappé au cataclysme et avoir atteint le but, l'achèvement : ils paraissaient avoir tiré à eux et concentré en eux toute l'intensité, la vie qui manquaient à ses traits encore informes et disloqués. Ils semblaient ne pas appartenir tout à fait à ce visage et faisaient penser aux yeux que doivent avoir ces êtres enchantés dans le corps desquels un charme retient captifs les princes et les princesses des contes de fées. L'appel qu'ils lançaient, pathétique, insistant, faisait sentir d'une manière étrange et rendait tragique son silence.

Martereau 1953

« *Dans* Portrait d'un inconnu, *le narrateur s'efforce d'arracher cette plaque, sur laquelle est inscrit : c'est un égoïste, c'est un avare, pour dégager ce qu'elle recouvre. Dans* Martereau, *sous la pression de cette matière mouvante, se désagrègent les traits de caractère, les sentiments et les conduites bien connus, recensés et catalogués qui faisaient apparaître Martereau comme un personnage type du roman traditionnel.* »
(N.S., « Ce que je cherche à faire », article cité, 1972, p. 36.)

Publié chez Gallimard grâce au soutien de Marcel Arland, *Martereau* reçut un meilleur accueil de la critique et du public, peut-être abusé par le caractère « policier » de l'intrigue, l'achat par l'oncle du narrateur d'une maison de campagne sous le couvert d'un homme de paille, Martereau, « personnage » en apparence monolithique, auquel le neveu se raccroche. Mais, au-delà de la trame-alibi, la désintégration du personnage stéréotypé, tout aussi agité de tropismes que les autres, et surtout l'importance donné aux mouvements qui précèdent le dialogue, première et éblouissante démonstration de ce que l'écrivain appelle les sous-conversations, marquent une nouvelle étape dans la recherche de Nathalie Sarraute.

N.S., « Ce que je cherche à faire », article cité, 1972, p. 36

« Enfin ces mouvements transformaient pour moi les dialogues qui n'avaient pas d'autre intérêt que de porter ces mouvements au-dehors, tout en les abritant sous la couverture des lieux communs de la communication. Détachés de ce qui les propulse au-dehors, ces dialogues m'apparaissaient comme des pièces assez grossièrement rapportées.
À partir de la phrase la plus banale du dialogue le plus commun qui soit, j'ai essayé, dans *Martereau*, publié en 1953, de construire quatre actions dramatiques différentes, choisies dans la masse infinie de ces virtualités que l'imagination fait surgir,

dont aucune n'a sur l'autre l'avantage d'une réalité ou d'une vérité plus grande.

Cette même scène reprise dans quatre variantes différentes (il aurait pu y en avoir quarante) a constitué une technique qui, employée avec les résultats remarquables que vous connaissez et répondant à une exigence très différente de la mienne, est aujourd'hui considérée comme une des caractéristiques essentielles du Nouveau Roman. »

Nathalie Sarraute
Martereau

Ce n'est pas par hasard que j'ai rencontré Martereau. Je ne crois pas aux rencontres fortuites (je ne parle évidemment que de celles qui comptent). Nous avons tort de penser que nous allons buter dans les gens au petit bonheur. J'ai toujours le sentiment que c'est nous qui les faisons surgir : ils apparaissent à point nommé, comme faits sur mesure, sur commande, pour répondre exactement (nous ne nous en apercevons souvent que bien plus tard) à des besoins en nous, à des désirs parfois inavoués ou inconscients.

Nathalie Sarraute, née à Ivanovo (Russie), a obtenu le Prix International de Littérature pour *Les Fruits d'Or*. Dès son premier livre, *Tropismes*, elle était saluée par Sartre et Max Jacob. Elle est aujourd'hui connue dans le monde entier comme l'un des écrivains français les plus importants, auteur de *Portrait d'un inconnu*, *Le Planétarium*, *Entre la vie et la mort*, *Vous les entendez?*

Marcel Duchamp : "Nu descendant un escalier". Museum of Art, Philadelphie. Photo A. J. Wyatt. © ADAGP, 1972.

Martereau, p. 74-75

Ce n'est pas par hasard que j'ai rencontré Martereau. Je ne crois pas aux rencontres fortuites (je ne parle évidemment que de celles qui comptent). Nous avons tort de penser que nous allons buter dans les gens au petit bonheur. J'ai toujours le sentiment que c'est nous qui les faisons surgir : ils apparaissent à point nommé, comme faits sur mesure, sur commande, pour répondre exactement (nous ne nous en apercevons souvent que bien plus tard) à des besoins en nous, à des désirs parfois inavoués ou inconscients.

Cependant je conviens qu'il est plus raisonnable, plus satisfaisant de dire simplement que, les ayant sans doute longtemps cherchés sans le savoir, nous finissons bien un beau jour par les trouver ; chacun trouve, dit-on, chaussure à son pied.

J'ai toujours cherché Martereau. Je l'ai toujours appelé. C'est son image – je le sais maintenant – qui m'a toujours hanté sous des formes diverses. Je la contemplais avec nostalgie. Il était la patrie lointaine dont pour des raisons mystérieuses j'avais été banni ; le port d'attache, le havre paisible dont j'avais perdu le chemin ; la terre où je ne pourrais jamais aborder, ballotté que j'étais sur une mer agitée, déporté sans cesse par tous les courants.

III. *L'Ère du soupçon* et le Nouveau Roman — 1956

Parallèlement à son œuvre romanesque, Nathalie Sarraute écrit entre 1947 et 1956 quatre articles nourris de ses réflexions sur les formes traditionnelles et sur l'avenir du roman qui, comme tout art, doit être en constante évolution : « De Dostoïevsky à Kafka » et « L'ère du soupçon » (*Les Temps modernes,* octobre 1947 et février 1950), « Conversation et sous-conversation » (*La NNRF,* janvier-février 1956) et « Ce que voient les oiseaux » (texte inédit). Publié en recueil aux Éditions de Minuit, à l'instigation d'Alain Robbe-Grillet, sous le titre du second article, *L'Ère du soupçon* bouleverse la critique littéraire et ouvre la voie du Nouveau Roman. La vraie question est posée : « Comment le romancier pourrait-il se délivrer du sujet, des personnages et de l'intrigue ? ». Véritable art poétique du romancier contemporain, la réflexion déborde du recueil d'essais pour irriguer l'œuvre entière.

« A mon avis, si je n'avais pas publié ce volume, rien ne se serait passé pour moi de ce qui m'est arrivé par la suite », a toujours reconnu Nathalie Sarraute, qui s'impose ainsi comme précurseur et chef de file du Nouveau Roman et se fait connaître dans le monde entier. Mais, sans jamais renier ce qu'elle doit au mouvement brillant et éphémère qu'orchestra l'auteur des *Gommes* et du *Voyeur,* l'écrivain, comme les autres écrivains du groupe, Alain Robbe-Grillet, Michel Butor, Claude Simon…, a parfaitement défini leur position. « La seule chose qui nous rapprochait était qu'on était tous pour une certaine liberté de forme. » (N.S., Entretien avec Lucette Finas, *Études littéraires,* vol. 12, n°3, décembre 1979, p. 396.)

Préface à *L'Ere du soupçon*, 1964, p. 10

« Mes premiers livres : *Tropismes,* paru en 1939, *Portrait d'un inconnu,* paru en 1948, n'ont éveillé à peu près aucun intérêt. Ils semblaient aller à contre-courant.

J'ai été amenée ainsi à réfléchir – ne serait-ce que pour me justifier ou me rassurer ou m'encourager – aux raisons qui m'ont poussée à certains refus, qui m'ont imposé certaines techniques, à examiner certaines œuvres du passé, du présent, à

pressentir celles de l'avenir, pour découvrir à travers elles un mouvement irréversible de la littérature et voir si mes tentatives s'inscrivaient dans ce mouvement. [...]
Est-il besoin d'ajouter que la plupart des idées exprimées dans ces articles constituent certaines bases essentielles de ce qu'on nomme aujourd'hui le "Nouveau Roman". »

« Ce que voient les oiseaux », quatrième essai de *L'Ere du soupçon*, p. 144-145.

Mais comment le romancier pourrait-il se délivrer du sujet, des personnages et de l'intrigue ? Il aurait beau essayer d'isoler la parcelle de réalité qu'il s'efforcerait de saisir, il ne pourrait qu'elle ne soit intégrée à quelque personnage, dont l'œil bien accommodé du lecteur reconstituerait aussitôt la silhouette familière aux lignes simples et précises, que ce lecteur affublerait d'un « caractère », où il retrouverait un de ces types dont il est si friand, et qui accaparerait par son aspect bien ressemblant et « vivant » la plus grande part de son attention. Et ce personnage, quelque effort que le romancier puisse faire pour le maintenir immobile, afin de pouvoir concentrer son attention et celle du lecteur sur des frémissements à peine perceptibles où il lui semble que s'est réfugiée aujourd'hui la réalité qu'il voudrait dévoiler, il n'arrivera pas à l'empêcher de bouger juste assez pour que le lecteur trouve dans ses mouvements une intrigue dont il suivra avec curiosité les péripéties et attendra avec impatience le dénouement.

Ainsi, quoi que fasse le romancier, il ne peut détourner l'attention du lecteur de toutes sortes d'objets que n'importe quel roman, qu'il soit bon ou mauvais, peut lui fournir.

IV. *Le Planétarium* — 1959

« De tous mes romans, Le Planétarium *est celui qui a obtenu le plus de succès. À la faveur d'un malentendu naturellement. On y trouve une intrigue, les personnages portent des noms et des prénoms. Le public n'a pas manqué de s'en réjouir. Il n'a pas vu le trompe-l'œil, ou plutôt il a aimé ce qui n'était qu'un trompe-l'œil. Il est tombé dans le piège que le livre lui tendait sans le vouloir. »*
(N.S., Entretien avec Lucette Finas, article cité, 1979, p. 398).

Premier des romans de Nathalie Sarraute à paraître sous la bannière du Nouveau Roman, *Le Planétarium* marque la consécration de l'écrivain.

Pour ce troisième roman, Nathalie Sarraute reprend le titre du livre annoncé « en préparation » dès 1939 et destiné alors à un nouveau recueil de *Tropismes*. Titre tout aussi symbolique : dans cet univers de faux-semblant, tout est tropismes, sans l'intervention d'un « je » semi-conscient. Pour restituer les mouvements à leur affleurement, l'écrivain revient aux « ils » ou « elles », ne se distancie plus des personnages, se substitue à eux au point de ne pouvoir les nommer : « les noms ne peuvent être employés par l'auteur s'adressant au lecteur, mais par les personnages entre eux », qui se voient comme des « personnages », note-t-elle dans un plan de l'ouvrage.

L'un des thèmes du *Planétarium*, la « création à l'état naissant », « l'effort créateur qui sans cesse s'ébauche, tâtonne, cherche son objet, s'enlise, se dégrade », va devenir le sujet essentiel de sa recherche. Il apparaît ici aussi bien chez une vieille femme maniaque obsédée par la décoration de son appartement que chez le romancier en puissance que l'on devine chez son neveu, face à la caricature de grand écrivain académique incarnée par Germaine Lemaire.

> N.S., Conférence prononcée à Milan en 1959, texte cité, p. 22-23

« Dans *Le Planétarium,* ces mouvements agitent tout le monde, tous les personnages sont agités de tropismes. Ils se meuvent à l'intérieur d'un univers factice, le planétarium, qui est un petit univers construit par eux à leur mesure, un univers de lieux communs, une imitation d'un univers vrai qui serait quelque part au dehors et c'est vers ces imitations de vrais astres qu'ils se tendent, c'est parmi eux qu'ils se sentent à l'abri et aussi, parfois, à l'étroit. »

> *Le Planétarium*, p. 249

Le ciel tourne au-dessus de lui, les astres bougent, il voit se déplacer les planètes, un vertige, une angoisse, un sentiment de panique le prend, tout bascule d'un coup, se renverse… elle-même s'éloigne, elle disparaît de l'autre côté… Mais il ne veut pas la lâcher, il peut la suivre, les suivre là-bas, il vient… seulement qu'elle ne le repousse pas, qu'elle ne l'abandonne pas… il est avec eux, de leur côté… « Eh bien, figurez-vous, tout ce que vous me dites là, je l'ai un peu pensé aussi quand j'ai vu Lebat la dernière fois… Ça m'a même rendu un peu envieux… Je me suis senti coupable… Il donne une telle impression de force, de sérénité… Il y a chez lui, dans sa façon de tout survoler, une espèce de renoncement... très rare... Il a réussi... je dois vous avouer que c'est ce que j'envie le plus aux autres dans la vie... une ascèse. Il y a en lui de l'unité, une grande pureté, aucun mélange... Je pensais tout ça moi aussi, l'autre jour, en lui parlant, je me sentais indigne, j'ai failli, comme un gosse, lui dire que j'aimerais tellement le voir plus souvent, devenir son ami... »

Nathalie Sarraute
Le planétarium

Nathalie Sarraute
Le planétarium

Voici les Guimier. Un couple charmant. Gisèle est assise auprès d'Alain. Son petit nez rose est ravissant. Ses jolis yeux couleur de pervenche brillent. Alain a un bras passé autour de ses épaules. Ses traits fins expriment la droiture, la bonté. Tante Berthe est assise près d'eux. Son visage, qui a dû être beau autrefois, ses yeux jaunis par le temps sont tournés vers Alain. Elle lui sourit. Sa petite main ridée repose sur le bras d'Alain d'un air de confiance tendre.
Mais on éprouve en les voyant comme une gêne, un malaise.
Qu'est-ce qu'ils ont ? On a envie de les examiner de plus près, d'étendre la main... Mais attention, un cordon les entoure. Tant pis, il faut voir. Il faut essayer de toucher... Oui, c'est bien cela, il fallait s'en douter. Ce sont des effigies. Ce ne sont pas les vrais Guimier.

Nathalie Sarraute, née à Ivanovo-Voznessensk (Russie), a obtenu le Prix International de Littérature pour *Les Fruits d'or*. Elle est connue dans le monde entier comme l'un des écrivains français les plus importants.

V-VI. Les romans de la création

Avec ses trois romans des années soixante, Nathalie Sarraute se délivre des personnages et de l'intrigue, en un retour à la composition fragmenté des *Tropismes,* suite de scènes juxtaposées gravitant autour du thème au cœur de son œuvre, la réflexion sur la création, sur « l'effort créateur », qui est constitutive de cet effort même : « Toujours la substance première de l'écriture a fait l'objet de ma recherche dans tous mes livres. » (N.S., Entretien avec Geneviève Serreau, article cité, p. 2, 1968.)

En 1963, *Les Fruits d'or,* roman sur les réactions – les tropismes – produits par l'ascension puis par la chute d'un roman du même titre, s'attachent à la situation du lecteur face à l'œuvre qu'il aime ou qu'il rejette, masquée par le rideau de l'opinion. Le livre obtient le Prix International de Littérature en 1964. Traduit dans les quatorze pays membres du jury, *Les Fruits d'or* est le premier livre de Nathalie Sarraute à être traduit en Union soviétique.

Dans *Entre la vie et la mort,* en 1968, jamais l'expérience difficile et douloureuse de l'écrivain n'a été menée aussi loin, de la page à écrire au malaise de la consécration, du mythe de la vocation à l'émergence des images, des sensations. Le livre « montre quelques phases de la lutte acharnée à l'issue toujours incertaine sur un terrain où la vie et la mort s'affrontent avec le plus de dissimulation, celui où une œuvre littéraire prend racine, grandit ou meurt. » (N.S., Prière d'insérer)

Avec *Vous les entendez ?*, en 1972, où il ne s'agit plus de littérature, mais de l'art et de sa réception – une sculpture de pierre primitive provoquant par sa seule présence conflits et tensions au sein d'une famille – l'œuvre d'art est cette fois menacée, non par des paroles, mais par des rires « énigme illimitée où les rapports humains se réfléchissent les uns les autres sans jamais s'arrêter en une signification définitive ». (N.S., Entretien avec Lucette Finas, article cité, 1979, p. 400)

Les Fruits d'or — 1963

« *Un aspect des* Fruits d'or, *c'est le besoin, et l'impossibilité de saisir dans une œuvre d'art une valeur absolue. Elle se dérobe constamment. Un seul lecteur arrive, à la fin, à établir avec l'œuvre un contact direct, à préserver la fraîcheur intacte de sa sensation, comme s'efforce de le faire un écrivain.* »
(N.S., Entretien avec Geneviève Serreau, article cité, 1968)

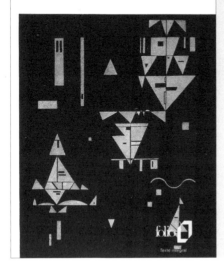

« Et les Fruits d'Or ? Est-ce que vous vous en souvenez ? » Cet effort qu'il faut faire chaque fois… Je ne parviens pas à me décider… C'est de sentir comme en eux immanquablement le mécanisme se met à fonctionner… comme un réveil qu'on a remonté, une horloge bien réglée… J'attends que la sonnerie se déclenche.

Même autrefois, au temps où de prononcer votre nom faisait retentir aussitôt des cris d'admiration, rien que de savoir cela à coup sûr, de l'attendre, me jetait dans une espèce de fureur, j'avais envie de les secouer pour les fausser, pour les forcer à avoir des ratés… Mais maintenant…

« Et les Fruits d'Or ? » Voilà. Le système d'horlogerie se met en branle… « Ah parce que… » Ce sont les premiers grincements… « Parce que… vous en êtes encore… » Les coups sonnent… « Vous en êtes encore aux Fruits d'Or ? »

Entre la vie et la mort 1968

« Chaque roman nouveau est pour moi comme un prolongement, un approfondissement du précédent. Après Les Fruits d'or, j'ai voulu repartir de plus loin, à la racine de l'œuvre littéraire, au niveau de la source première où elle naît et sur laquelle pèse à chaque instant une menace – à chaque instant et depuis toujours, depuis l'enfance. Elle peut se troubler, cette source, se tarir, se perdre. On risque la mort. Ensuite, le livre est fait, présenté et l'écrivain sort de sa solitude pour affronter nécessairement les autres, cette fois à visage découvert. »
(N.S., Entretien avec Geneviève Serreau, article cité, 1968.)

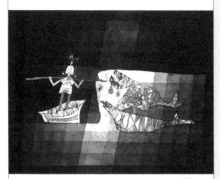

Nathalie Sarraute
Entre la vie et la mort

Errant seul de nouveau dans ces étendues sans fin où il lui semble que personne avant lui n'a été tenté de s'aventurer... Aucune trace nulle part. Aucun jalon ici ni point de repère qui permette de conserver le sens des proportions. La plus inoffensive bestiole alerte toute l'attention, paraît aussi effrayante qu'un tigre...
Tâtonnant, cherchant, mais quoi ? Il n'en sait trop rien. Cela ne porte aucun nom...

Là où une œuvre littéraire prend naissance, grandit, ou meurt...

Entre la vie et la mort, p. 72

Il se lève d'entre les morts. Il y a ici de ces résurrections. Les jeux ne sont pas encore faits – on peut toujours reprendre sa mise. On renonce, détruit, oublie, et on repart. Tout recommence.
Errant seul de nouveau dans ces étendues sans fin où il lui semble que personne avant lui n'a été tenté de s'aventurer… Aucune trace nulle part. Aucun jalon ici ni point de repère qui permette de conserver le sens des proportions. La plus inoffensive bestiole alerte toute l'attention, paraît aussi effrayante qu'un tigre… Tâtonnant, cherchant, mais quoi ? Il n'en sait trop rien. Cela ne porte aucun nom… quelque chose qui serait comme ce tout premier suintement, ce mouvement à peine ébauché…

Vous les entendez ?   1972

« Tout le livre est d'avance versé dans le rire qui l'introduit et le recueille. […]
Ce qui m'a intéressée, c'est le heurt de la sensibilité entre gens qui s'aiment. C'est le conflit entre l'amour de "l'Art" et l'amour de ses proches ; le besoin de donner ce qui compte le plus pour vous et le refus de le recevoir. C'était pour le déploiement des tropismes une situation privilégiée. »
(N.S., Entretien avec Lucette Finas, article cité, 1979, p. 400.)

Il faut se reprendre, se secouer... Il est temps de s'occuper de choses sérieuses. L'autre déjà le rappelle à l'ordre... il étend sa grosse main vers la bête, il la pousse au milieu de la table, il la tourne, l'examine... Imperturbable. Parfaitement tranquille et sûr de soi. Il se sent, de toute évidence, en parfaite sécurité. Qui, avec ça, posé là devant lui, pourrait l'atteindre ?... Les bulles des rires crèvent contre ça, les rires contre ça rebondissent, les rires ricochent sur ça, les rires remontent vers eux là-bas... boomerangs... retours de bâton... La voix paisible nous enveloppe, les mots qu'elle prononce lentement de tous côtés nous protègent, montent la garde... Qu'y a-t-il à craindre ? Qui peut menacer ça ?

Comment qui ? Mais comment ne savez-vous pas que sans avoir besoin de bouger, juste installés, enfermés là-haut, ils peuvent déployer une force immense, ils possèdent une énorme puissance... Un seul rayon invisible émis par eux peut faire de cette lourde pierre une chose creuse, toute molle... il suffit d'un regard. Même pas un regard, un silence suffit...

VII-VIII-IX. Le Théâtre

« C'est un théâtre de langage. Il n'y a que du langage. Il produit à lui seul l'action dramatique... Je pense que c'est une action dramatique véritable, avec des péripéties, des retournements, du suspense, mais une progression qui n'est produite que par le langage. »
(N.S., *Le Monde*, 19 janvier 1967.)

En 1963 et 1966, à la demande de la Radio de Stuttgart, Nathalie Sarraute écrit ses deux premières pièces, *Le Silence* et *Le Mensonge*. La représentation de ce « théâtre de langage » lui paraît irréalisable. Les mises en scène de Jean-Louis Barrault, pour l'ouverture du Petit-Odéon, à Paris, en 1967, l'incitent à poursuivre dans cette voie, dérivatif et prolongement de l'œuvre romanesque. Elle écrira encore quatre pièces, où le sujet n'est « rien » et les personnages ne sont « que le terrain dans lequel ces choses insignifiantes s'implantent... Les personnages sont comme des cornues transparentes où les réactions se produisent, peu importe qui ils sont. Ce sont les réactions seules qui m'intéressent. » (N.S., Texte inédit pour une représentation de *Elle est là*, 1979).

Magnifique illustration des tropismes, où tout se détraque entre humour et tension, il s'agit seulement de montrer l'effet, le malaise, produit par un certain silence, un mensonge anodin, une certaine façon de prononcer les mots en isme (*Isma, ou Ce qui s'appelle rien*), ou les mots « C'est beau », « pour un oui ou pour un non » ; ou encore, dans *Elle est là*, par une « idée » dans la tête de quelqu'un, qui apparaît comme une menace, une atteinte insupportable à ce qui est pour quelqu'un d'autre la vérité. De là, de ces drames microscopiques de la vie courante, se développe toute l'action dramatique, « en un dialogue plus resserré, plus dense, plus tendu et plus survolté » que le dialogue romanesque. « C'est le comble du théâtre », dit à propos de *Pour un oui ou pour un non* Nathalie Sarraute qui se place d'emblée parmi les grands auteurs dramatiques de son temps, et dont les pièces seront remarquablement servies en France, par des mises en scène de Jean-Louis Barrault, Claude Régy, Jacques Lassalle, ou encore Jacques Doillon, pour la télévision.

« Pendant très longtemps j'ai pensé qu'il ne me serait pas possible d'écrire pour le théâtre [...]. Mais il s'est trouvé qu'un jour j'ai reçu la visite d'un jeune Allemand,

Werner Spies, chargé par la Radio de Stuttgart de demander à des auteurs français d'écrire pour elle des textes radiophoniques. J'ai commencé par refuser. Werner Spies est revenu plusieurs fois à la charge, m'affirmant que je pourrais faire ce que je voudrais, dans une forme si insolite soit-elle […].
Ce qui dans mes romans aurait constitué l'action dramatique de la sous-conversation, du pré-dialogue, où les sensations, les impressions, le "ressenti" sont communiqués au lecteur à l'aide d'images et de rythmes, ici se déployait dans le dialogue lui-même. Ainsi le dedans devenait le dehors et un critique, plus tard, a pu à juste titre, pour qualifier ce passage du roman à la pièce, parler de "gant retourné". »
(N.S., « Le gant retourné », *Cahiers Renaud-Barrault,* n°89, 1975, p. 70.)

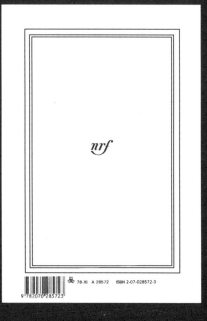

Le Silence   1964

« L'idée m'est venue, quelque temps après, sans que je sache bien ce qui pourrait en sortir, d'un certain silence. Un de ces silences dont on dit qu'ils sont "pesants" [...] Tiré par ce silence un dialogue a surgi, suscité, excité par ce silence. Ça s'est mis à parler, à s'agiter, à se démener, à se débattre... Et je me suis dit : voilà donc quelque chose qui pourrait être écouté à la radio.
C'est parce que la substance de ces pièces n'est rien d'autre que du langage qu'il m'avait semblé qu'on ne pouvait que les écouter. »
(N.S., « Le gant retourné », article cité, 1975.)

Nathalie Sarraute
Le Silence

Six personnages ne peuvent poursuivre un dialogue normal à cause du silence d'un septième. L'existence de vide au cœur de l'échange traditionnel fait naître une spirale infernale où chacun est entraîné jusqu'à la destruction de toute vérité, de tout langage. Mais cette cantate à six voix en contient pourtant une septième, celle de l'humour.

Georges de La Tour : "La Madeleine pénitente" (détail). Metropolitan Museum of Art, New York. Photo du Musée.

Nathalie Sarraute
Le Silence
Édition d'Arnaud Rykner

Le Silence, p. 57

Mais vous, je l'ai toujours senti… les mots pour vous… Vous n'avez jamais dit quelque chose de plat. Jamais rien de vague, de prétentieux. Bien sûr, vous devez bien vous servir de mots de temps en temps. Il le faut bien. Pour vivre. Un minimum. Un mot, vous le savez mieux qu'eux, c'est grave.

Le Mensonge   1966

« *Il fallait un mensonge pour ainsi dire à l'état pur, le mensonge en soi, un mensonge abstrait, qui n'affecte en rien notre vie. Une contre-vérité dite par quelqu'un qui nous est indifférent. La fine craquelure qu'elle produit est juste une sensation désagréable. De celles que chacun a pu sentir glisser en soi quand il a eu l'impression qu'en sa présence – et sans que cela le touche directement – quelqu'un ment. Une sensation vague qui glisse en nous et passe sans que nous nous y arrêtions : un nuage qui passe.* »
(N.S., « Le gant retourné », article cité, 1975.)

Le mensonge

Le Mensonge, p. 137.

Pierre : **Mais comment faire ? C'est là en moi…**
Jacques : Quoi ? Qu'est-ce qui est là ?
Pierre : Les faits. La vérité. C'est là.
Jacques : D'abord commencez par ne pas appeler ça la vérité. Changez son nom. C'est un nom, dès qu'on le prononce, il impressionne. On se cramponne à ça comme si notre vie en dépendait… On se croit obligé… Il faut changer ça… Appelez ça le mensonge…
Pierre : **Comme c'est facile**
Jacques : Ah, mon cher, si vous ne voulez pas vous assoupir un peu… Si on tient tant à son petit quant à soi… Alors, que voulez-vous que je vous dise…
Pierre : **Non, je vous en prie, dites-moi…**
Jacques : **Mais je vous l'ai dit : changez. Mieux vaut se changer soi-même que la face du monde, c'est la sagesse…**

Isma, ou Ce qui s'appelle rien
1970

« Quant au sujet, il est chaque fois ce qui s'appelle "rien", qui est le second titre d'une de mes pièces. [...] Claude Régy, non sans un certain courage, a mis en scène Isma. *Lui a, au contraire [de Jean-Louis Barrault], conservé au texte le premier rôle. Même pas le premier rôle : le rôle unique. Dans sa mise en scène, rien ne vient en distraire. Les acteurs s'y soumettent à la lettre, en suivant, en isolant toutes ses nuances, en amplifiant à peine son rythme. Assis côte à côte sur la scène, face au public, ils bougent peu, se lèvent, se rassoient, quand le mouvement du texte les fait se lever, puis se rasseoir. Ils ne se lèvent tous et ne font cercle qu'une seule fois, quand l'un d'entre eux quitte la scène, pour donner l'impression de le chasser – comme le texte pouvait le suggérer. Toutes les répétitions étaient le décorticage minutieux et très sensible de chaque vibration du langage. Claude Régy a fait voir chaque pli, chaque froissement, tous les grains de la peau du gant retourné. »*
(N.S. « Le gant retourné », article cité, 1975.)

Isma, p. 109

Elle : Alors... mais est-ce possible ? Vous aussi... à partir de choses comme ça... *Isma... Isma...*
Lui : Arrête, tu vas leur faire peur...
Elle, *excitée* : Isma. Isma. Ma. Ma... Capitalisma. Syndicalisma. Structuralisma. Cette

façon qu'il a de prononcer isma… Le bout se relève… ça s'insinue… Plus loin. Toujours plus loin. Jusqu'au cœur… Comme un venin… Isma… Isma…

H. 2 : Ah là, il faut que je vous arrête. Là il y a quelque chose de trop évident… ça tombe sous le sens…

Elle : Quoi donc ?

H. 2 : Cette façon de prononcer les mots en isme, ça vous frappe, n'est-ce pas ?

Elle : Oui. Isma… À la fin des mots…

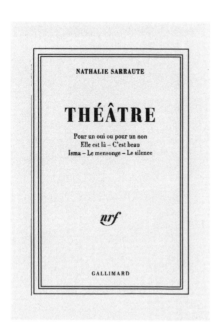

C'est beau 1975

« *Trois personnages, un couple et son fils, occupent la scène, mais il s'agit d'une sensation qui fait qu'en présence de certaines gens, on ne peut pas goûter quelque chose, on ne peut pas ressentir cette joie que procure la musique ou un tableau par exemple. Ce couple en présence du fils ne peut pas dire "c'est beau".* »
(N.S., *Le Monde,* 23 octobre 1975.)

C'est beau reprend à la scène le thème de *Vous les entendez ?,* la contestation de l'œuvre d'art, le « heurt de la sensibilité entre gens qui s'aiment ».

Elle, *prenant sur elle* : **Si, j'ose, tu vois : « C'est beau ». Et même je te montre. Je l'étale... tiens, tu vois, devant toi. Et je dis – tu entends ? – C'est beau... Et je te demande, à toi : Tu ne trouves pas ?**
Silence.
Mais dis quelque chose !
Le Fils : **Eh bien, il n'y a rien à faire... c'est plus fort que moi, je me rétracte. Dans un instant** *(voix terrible pour rire)* **je vais, comme la pieuvre, sécréter... une encre noire va se répandre... Regarde papa, il est déjà tout recroquevillé...**
Elle *et* lui, *voix blanches* : **Tu ne trouves pas ça beau ? Tu détestes ça... tout ça...**
Le Fils, *condescendant* : **Mais non, voyons... il ne s'agit pas de ça...**
Eux, *avec espoir* : **Pas de ça... Oh mon chéri... de quoi alors ?**
Le Fils : **C'est... mais ça me gêne de vous le dire... je vais vous choquer...**
Elle : **Non, non, je t'en prie, dis-le...**
Le Fils, *hésitant* : **Eh bien, c'est cette expression « C'est beau »... ça me démolit tout... il suffit qu'on plaque ça sur n'importe quoi et aussitôt... tout prend un air...**
Elle : **Oui... je crois que je vois...**

Elle est là   1980

« *Ma pièce est une défense de la liberté de penser. On peut être du côté de mon personnage féminin ou au contraire lui donner tort de refuser la discussion, puisque les idées doivent être débattues librement au grand jour.* »
(N.S., *L'Humanité*, 12 mai 1980.)

Elle est là, p. 58-59

C'est drôle, maintenant je crois que je commence pour la première fois à comprendre... Une petite chose, une toute petite chose sans importance vous conduit parfois là où l'on n'aurait jamais cru qu'on pourrait arriver... tout au fond de la solitude... dans les caves, les casemates, les cachots, les tortures, quand les fusils sont épaulés, quand le canon du revolver appuie sur la nuque, quand la corde s'enroule, quand la hache va tomber... à ce moment qu'on nomme suprême... avec quelle violence elle se redresse... elle se dégage hors de son enveloppe éclatée, elle s'épand, elle, la vérité même... la vérité... elle seule... par sa seule existence elle ordonne... tout autour d'elle, docilement, rien ne lui résiste... tout autour d'elle s'ordonne... elle illumine... *(la lumière baisse)*... quelle clarté... quel ordre... Ah voilà... c'est le moment... c'est la fin... Mais juste pour moi, mais moi je ne suis rien, moi je n'existe pas... et elle, avec quelle force... hors de son enveloppe éclatée, elle se dresse, elle se libère, elle se répand... elle éclaire... *(la lumière baisse)*...

Pour un oui ou pour un non
1982

« Pour un oui ou pour un non *est un travail de recherche non seulement sur le ressenti mais aussi sur sa manière de s'exprimer à l'extérieur, et notamment dans l'intonation. Quelque chose d'infime, une intonation, a été interprétée par quelqu'un et cela a déclenché un drame intérieur. C'est le comble du théâtre ; une interprétation de ce qui est dit et comme c'est dit, qu'est-ce que ça recèle et qu'est-ce que ça révèle.* »
(N.S., *Acteurs,* mars 1986, n° 34.)

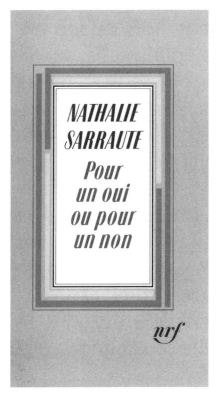
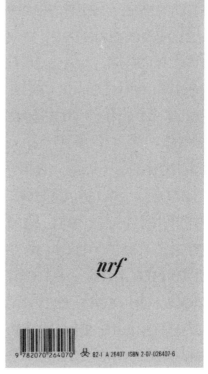

H. 1 : C'est pour ça qu'avec moi, tu as pris des précautions… rien de voyant. Rien d'ouvert…

H. 2 : On peut me comprendre… « Rompt pour un oui ou pour un non… » Tu te rends compte ?

H. 1 : Maintenant ça me revient : ça doit se savoir… Je l'avais déjà entendu dire. On m'avait dit de toi : « Vous savez, c'est quelqu'un dont il faut se méfier. Il paraît très amical, affectueux… et puis, paf ! pour un oui ou pour un non… on ne le revoit plus. » J'étais indigné, j'ai essayé de te défendre… Et voilà que même avec moi… si on me l'avait prédit… vraiment, c'est le cas de le dire : pour un oui ou pour un non… Parce que j'ai dit : « C'est bien ça »… Oh pardon, je ne l'ai pas prononcé comme il le fallait : « C'est biiiien… ça… »

H. 2 : Oui. De cette façon… tout à fait ainsi… avec cet accent mis sur le « bien »… avec cet étirement… Oui, je t'entends, je te revois… « C'est biiiien… ça… » Et je n'ai rien dit… et je ne pourrai jamais rien dire…

H. 1 : Mais si, dis-le… entre nous, voyons… dis-le… je pourrai peut-être comprendre… ça ne peut que nous faire du bien…
H. 2 : Parce que tu ne comprends pas ?
H. 1 : Non, je te le répète… je l'ai sûrement dit en toute innocence. Du reste, je veux être pendu si je m'en souviens… J'ai dit ça quand ? A propos de quoi ?

X. Usage de la parole - usage de l'écrit

« Ce que nous ressentons n'est inscrit nulle part. »
(Tu ne t'aimes pas)

Ce que dénonçaient implicitement les romans des années soixante, « le totalitarisme jusque dans l'énonciation », devient l'enjeu essentiel de la recherche littéraire de Nathalie Sarraute dans les vingt dernières années. Retour aux sources mêmes de l'œuvre, dégagées de toute fiction, *L'Usage de la parole*, publié en 1980 et les deux livres qui l'entourent, « *disent les imbéciles* », publié en 1976, et *Tu ne t'aimes pas*, publié en 1989, traduisent la « création à l'état naissant » et son impossible « mise en mots » en une succession de textes dont chacun met en scène l'effraction, la béance provoquée par le langage.

« *disent les imbéciles* » 1976

Les tropismes du roman « se développent en deux oppositions, liées l'une à l'autre et qui s'enchevêtrent.
La première se fonde sur cette évidence – ou est-ce une folie ? – que chacun de nous est à lui seul l'univers entier, qu'il se sent infini, sans contours. En même temps il voit tous les autres comme des personnages, qu'ils soient simplifiés à l'extrême ou à facettes multiples, et il sait que lui-même en est un pour eux : un personnage qu'on lui impose ou qu'il impose. Ce continuel "jeu des statues" comporte nécessairement des classements, des hiérarchies : les "suprêmement intelligents", les "imbéciles"…
L'autre opposition est celle de l'idée libre, vivante, indépendante, et de l'idée enchaînée aux personnages qui la produisent ou la soutiennent, pétrifiée par le mépris : "disent les imbéciles", ou par le culte, le conformisme et la terreur. » (N.S., Prière d'insérer de « *disent les imbéciles* ».)

Nathalie Sarraute
"disent les imbéciles"

Des imbéciles. Imbéciles. Les imbéciles. C'est à ne pas croire. C'est lui qui vient de dire ça. Lui-même. C'est de sa propre bouche que sont sortis ces mots étonnants : des imbéciles. Ces gens-là, regardez, je vous les désigne, regardez-les bien. Vous voyez, ce sont des imbéciles. Les voici. Ils se nomment ainsi. Ils sont là, devant nous, immobilisés. Ils sont tout raides… comme inanimés… Ils sont emmaillotés soigneusement, entourés de bandelettes, sur leur visage des masques peints ont été posés…

« disent les imbéciles », p. 52-53

Des imbéciles. Imbéciles. Les imbéciles. C'est à ne pas croire. C'est lui qui vient de dire ça. Lui-même. C'est de sa propre bouche que sont sortis ces mots étonnants : des imbéciles.

Ces gens-là, regardez, je vous les désigne, regardez-les bien. Vous voyez, ce sont des imbéciles. Les voici. Ils se nomment ainsi. Ils sont là, devant nous, immobilisés. Ils sont tout raides... comme inanimés... Ils sont emmaillotés soigneusement, entourés de bandelettes, sur leur visage des masques peints ont été posés...

Mais petit à petit, à les observer de si près... vous ne trouvez pas qu'on éprouve une sensation... vous ne la reconnaissez pas ? C'est la même que tout à l'heure... On se sent curieusement engourdi, ankylosé... c'est comme un début d'asphyxie dans un air confiné, dans un lieu hermétiquement clos... Nous avons été enfermés avec eux... avec ces momies... c'est un tombeau, un sarcophage... et nous-mêmes...

L'Usage de la parole   1980

Le livre reprend la forme poétique des *Tropismes,* des morceaux distincts sur un même sujet : l'usage de la parole, « Voici des mots », titre primitif du manuscrit.

L'écrivain a abandonné la rédaction continue de ses précédentes œuvres et composé séparément les dix textes du recueil, auxquels elle a donné pour titre les paroles convenues (« Ich sterbe », « Le mot Amour ») ou banales, « passe-partout », mais aussi « passe-muraille » (« Mon petit », « Ne me parlez pas de ça »...) qui déclenchent en elle, et chez le lecteur qu'elle entraîne dans son jeu, les ondes infinies des tropismes.

Mais, comme toujours, le premier texte du roman est celui qui a généré l'ensemble, et les derniers mots de Tchekhov « Ich sterbe », « Je meurs », seront les premiers mots indicibles à se figer dans un « arrachement terrible ».

« Ce ne sont là, vous le voyez, que quelques légers remous, quelques brèves ondulations captées parmi toutes celles, sans nombre, que ces mots produisent. Si certains d'entre vous trouvent ce jeu distrayant, ils peuvent – il y faut de la patience et du temps – s'amuser à en déceler d'autres. Ils pourront en tout cas être sûrs de ne pas se tromper, tout ce qu'ils apercevront est bien là, en chacun de nous : des cercles qui vont s'élargissant quand lancés si loin et avec une telle force tombent en nous et nous ébranlent de fond en comble ces mots : Ich sterbe. » (*L'Usage de la parole,* p. 17-18.)

L'Usage de la parole, p. 11

Ich sterbe. Qu'est-ce que c'est ? Ce sont des mots allemands. Ils signifient je meurs. Mais d'où, mais pourquoi tout à coup ? Vous allez voir, prenez patience. Ils viennent de loin, ils reviennent (comme on dit : « cela me revient ») du début de ce siècle, d'une ville d'eaux allemande.

Mais en réalité ils viennent d'encore beaucoup plus loin... Mais ne nous hâtons pas, allons au plus près d'abord. Donc au début de ce siècle – en 1904, pour être plus exact – dans une chambre d'hôtel d'une ville d'eaux allemande s'est dressé sur son lit un homme mourant. Il était russe. Vous connaissez son nom : Tchekhov, Anton Tchekhov.

Tu ne t'aimes pas 1989

« Vous ne vous aimez pas ». De cette phrase banale, plaquant sur un être complexe, indéfinissable, une image figée qui déclenche chez lui étonnement et stupeur et qui aboutit à sa désintégration est parti le livre de Nathalie Sarraute. Dans ce roman à voix multiples, face à ceux qui prononcent complaisamment des mots révélateurs de leur adhésion à une idée toute faite, à une convention valorisante (« vingt ans de bonheur »), surgissent « les tropismes chez "nous" qui les écoutons, "nous", c'est-à-dire tous ces personnages, ces consciences qui composent cet être-là qui dit "nous". "Nous", à tour de rôle, ce sont toutes les voix qui composent le "je", le "je" qui appréhende, qui réfléchit, qui voit les personnages hors de lui. » (N.S., « À voix nue », cinquième entretien avec Danièle Sallenave, France Culture, 26 mars 1992.)
« Ce que nous ressentons n'est inscrit nulle part ». Superbe variation sur les limites du langage, *Vous ne vous aimez pas*, comme « *disent les imbéciles* », ne reçut pas l'accueil enthousiaste que le public et la critique avaient réservé aux pièces de l'écrivain sur le même thème.

Tu ne t'aimes pas, p. 9-10

– « Vous ne vous aimez pas. » Mais comment ça ? Comment est-ce possible ? Vous ne vous aimez pas ? Qui n'aime pas qui ?
– Toi, bien sûr... c'est un vous de politesse, un vous qui ne s'adressait qu'à toi.
– À moi ? Moi seul ? Pas à vous tous qui êtes moi... et nous sommes un si grand nombre... « une personnalité complexe »... comme toutes les autres... Alors qui doit aimer qui dans tout ça ?

– Mais ils te l'ont dit : Tu ne t'aimes pas. Toi... Toi qui t'es montré à eux, toi qui t'es proposé, tu as voulu être de service... tu t'es avancé vers eux... comme si tu n'étais pas seulement une de nos incarnations possibles, une de nos virtualités... tu t'es séparé de nous, tu t'es mis en avant comme notre unique représentant... tu as dit « je »...

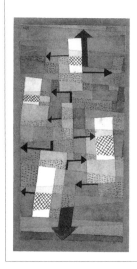

XI. *Enfance* — 1983

« – Des images, des mots qui évidemment ne pouvaient pas se former à cet âge-là dans ta tête...
– Bien sûr que non. Pas plus d'ailleurs qu'ils n'auraient pu se former dans la tête d'un adulte... C'était ressenti, comme toujours, hors des mots, globalement... Mais ces mots et ces images sont ce qui permet de saisir tant bien que mal, de retenir ces sensations. »
(Enfance, p. 17)

Trois ans après *L'Usage de la parole*, Nathalie Sarraute publie *Enfance*. Le livre obtient un grand succès. Un nouveau public aborde ainsi l'œuvre réputée difficile de l'écrivain mais, aussi bouleversants que soient ces « souvenirs » d'une enfance entre la France et la Russie, ils s'inscrivent dans l'unité organique de l'œuvre, saisis à la naissance du « ressenti », « hors des mots », en un dialogue entre l'écrivain et son double, entre la voix narratrice et la voix critique.

N.S., Entretien avec Pierre Boncenne, *Lire*, juin 1983, p. 90.

« Aujourd'hui comme hier à l'école communale, je n'aime pas ces étalages de soi-même et je n'ai pas l'impression qu'avec *Enfance* je me suis laissée aller. Comme dans *Tropismes*, ce sont plutôt des moments, des formes de sensibilité. Je n'ai pas essayé d'écrire l'histoire de ma vie parce qu'elle n'avait pas d'intérêt d'un point de vue littéraire, et qu'un tel récit ne m'aurait pas permis de conserver un certain rythme dans la forme qui m'est nécessaire. »

Nathalie Sarraute
Enfance

Ce livre est écrit sous la forme d'un dialogue entre Nathalie Sarraute et son double qui, par ses mises en garde, ses scrupules, ses interrogations, son insistance, l'aide à faire surgir « quelques moments, quelques mouvements encore intacts, assez forts pour se dégager de cette couche protectrice qui les conserve, de ces épaisseurs (...) ouatées qui se défont et disparaissent avec l'enfance ». Enfance passée entre Paris, Ivanovo, en Russie, la Suisse, Pétersbourg et de nouveau Paris.
Un livre où l'on peut voir se dessiner déjà le futur grand écrivain qui donnera plus tard une œuvre dont la sonorité est unique à notre époque.

Enfance, p. 12-13

Mais elle redresse la tête, elle me regarde tout droit et elle me dit en appuyant très fort sur chaque syllabe : « Nein, das tust du nicht »… « Non, tu ne feras pas ça »… exerçant une douce et ferme et insistante et inexorable pression, celle que j'ai perçue plus tard dans les paroles, le ton des hypnotiseurs, des dresseurs…
« Non, tu ne feras pas ça… » dans ces mots un flot épais, lourd coule, ce qu'il charrie s'enfonce en moi pour écraser ce qui en

moi remue, veut se dresser… et sous cette pression ça se redresse, se dresse plus fort, plus haut, ça pousse, projette violemment hors de moi les mots… « Si, je le ferai. »
« Non, tu ne feras pas ça… » les paroles m'entourent, m'enserrent, me ligotent, je me débats… « Si, je le ferai »… Voilà, je me libère, l'excitation, l'exaltation tend mon bras, j'enfonce la pointe des ciseaux de toutes mes forces, la soie cède, se déchire, je fends le dossier de haut en bas et je regarde ce qui en sort… quelque chose de mou, de grisâtre s'échappe par la fente…

XII. Nathalie Sarraute aujourd'hui
Ici 1995

« Ici, c'est ce qui se passe à un certain moment, "ici". Je n'ai pas écrit "je" ou "nous". Nous ne disons jamais à l'intérieur de nous-même "je" ou "nous". Ce sont des mots que nous n'employons pas. Tout cet espace intérieur que j'ai nommé "ici" est occupé à chaque instant par quelque chose ; certains "instants" qui se passent là, ici, en nous. Dans cet espace mental qui n'est ni "je", ni "nous". »
(N.S., Entretien avec Laurence Liban, *Lire*, n° 238, septembre 1995.)

Dès sa publication à l'automne 1995, *Ici* remporte l'adhésion immédiate du public. Jamais sans doute, sauf dans *Enfance*, l'investigation de ces « fugaces mouvements intérieurs, à la limite de l'insaississable », qui est l'enjeu de toute la carrière de l'écrivain, n'a trouvé d'approche plus dramatique et plus intime.

En vingt textes brefs comme *Tropismes* et *L'Usage de la parole*, surgissent ces instants d'instabilité : trous de mémoire, conversations, expressions convenues, coqs-à-l'âne, des mots qui viennent de là-bas, et qui font intrusion « ici », « dans une conscience qui ne se dit pas ». Et chaque fois la brèche se colmate, l'apaisement revient lorsque les mots, retrouvés, désamorcés, sont maîtrisés. Magnifiquement le livre se clôt sur la phrase de Pascal : « Le silence éternel de ces espaces infinis m'effraie », des mots « inatteignables, inviolables » que rien ne saurait transcender, mais la vie revient encore une fois « ici » comme un défi, avec « Arcimboldo », l'un des mots recherchés au départ.

« Qu'il fasse venir ici cela et encore cela, tout ce qui lui chante, ces fleurs, ces légumes, ces fruits, ces objets incongrus, ces bêtes étranges, qu'il en dispose comme bon lui semble... Arcimboldo, l'assurance même. L'affirmation. Le défi. Arcimboldo. Tout ici n'est que lui. Arcimboldo. » (*Ici*, p. 181)

 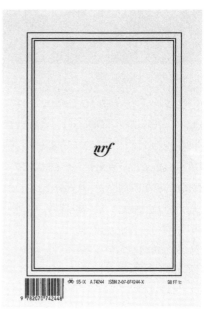

Ici, p. 178-179

Quand ils surgissent, c'est à un de ces rares moments où disparaît d'ici toute impureté, le plus petit obstacle qui pourrait tant soit peu les gêner, entraver leur mouvement...
Alors ils arrivent... ne dirait-on pas qu'à leur approche tout se ranime, se met à vibrer... ils remontent de ces fonds où ils sont un jour tombés, et se déploient...
« Le silence éternel de ces espaces infinis m'effraie. »

Des mots qui résonnent sans bruit, venus de nulle part, adressés à personne, prononcés sur aucun autre ton que leur ton à eux, créé par eux, le seul ton qui puisse être parfaitement juste, parfaitement conforme à ce qu'ils sont...

« Le silence éternel de ces espaces infinis m'effraie ». La forme de chaque mot, l'écart entre eux, le plus exact qui soit, permet à chacun d'eux de grandir, de s'étirer, et puis au contact de celui qui le suit de se dilater, de s'étendre plus loin, de s'envoler toujours plus haut, encore plus haut, sans fin...

Et tout ici porté par ces mots, adhérant entièrement à eux, se dilate, s'étire, s'étend, s'élève... jusqu'où ?... on n'en peut plus, le cœur vous manque...

Et puis quand emporté jusque là où il n'est plus possible d'avancer... « m'effraie » tombe... « m'effraie »... la palpitation d'un oiselet abattu en plein vol, gisant à terre... « m'effraie »... le frémissement de ses ailes encore tièdes, vivantes...

Repères chronologiques

18 juillet 1900   Naissance de Nathalie Tcherniak à Ivanovo-Voznessensk, près de Moscou. Son père, Ilya Tcherniak, docteur ès sciences et ingénieur chimiste, a fondé une usine de colorants chimiques destinés aux textiles. Sous le pseudonyme de Vichrovski, sa mère, Pauline Chatounovski, écrira plus tard des nouvelles et des romans.

1902 - 1906   Ses parents divorcent. Sa mère s'installe à Paris avec Nathalie et son futur mari, Nicolas Boretzki, rue Flatters dans le cinquième arrondissement. Nathalie va à l'école maternelle de la rue des Feuillantines. Sa première langue est le français. Elle passe un mois par an avec son père, soit à Ivanovo, soit en Suisse.

1906 - Février 1909   Retour en Russie, à Saint-Pétersbourg, avec sa mère et Nicolas Boretzki.

1907   Pour des raisons politiques, Ilya Tcherniak, jugé indésirable en Russie, est contraint d'émigrer à Paris où il fondera une plus petite usine de matières colorantes à Vanves.

Février 1909   Nathalie quitte Saint-Pétersbourg pour passer, en principe, six mois chez son père à Paris, le temps d'un séjour à Budapest de sa mère et de son beau-père, envoyé en mission pour écrire une histoire de l'Autriche-Hongrie. Nathalie restera en fait définitivement à Paris avec son père. Elle ne retournera plus en Russie avant 1936.

Août 1909   Naissance d'Hélène, « Lili », sa demi-sœur.

Juillet 1912   Études primaires à l'école communale de la rue d'Alésia.

Octobre 1912   Entrée au lycée Fénelon ; c'est là que s'arrête *Enfance* : « C'est peut-être qu'il me semble que là s'arrête pour moi l'enfance… quand je regarde ce qui s'offre à moi maintenant, je vois comme un énorme espace, très encombré, bien éclairé… » (*Enfance*)

1912 - 1918   Études secondaires au lycée Fénelon.

1917   Naissance de Jacques, son demi-frère.

1918 - 1920   Licence d'anglais en Sorbonne.

1920 - 1921   Année scolaire à Oxford, en vue d'un *Bachelor of art* en histoire.

1921 - 1922   Six mois à Berlin, où elle suit les cours de sociologie de Werner Sombart.

1922 - 1925   Licence à la faculté de droit à Paris. Elle y rencontre Raymond Sarraute.

1925   Mariage avec Raymond Sarraute, devenu avocat. Le couple aura trois filles : Claude, Anne et Dominique. Elle travaille un an chez un avoué et s'inscrit en doctorat de droit.

1926 - 1941   Inscrite au Barreau de Paris comme stagiaire, elle plaide de petites affaires en correctionnelle.

1932 - 1937   Écriture de *Tropismes*.

Janvier 1939   Publication de *Tropismes*. Refusé par Gallimard et Grasset, *Tropismes* est publié chez Denoël.

1941   Elle commence à travailler à *Portrait d'un inconnu*.

Juin 1942   Nathalie Sarraute refuse de porter l'étoile jaune. Elle part avec ses filles pour Janvry (Seine-et-Oise). Dénoncée par des amis russes de son père, elle retourne quelque temps à Paris.

1943 - Juillet 1944   Accueillie à Parmain (Seine-et-Oise) avec Anne et Dominique, dans une pension pour enfants, elle passe pour l'institutrice de ses filles, sous le nom de Nicole Sauvage (mêmes initiales) que portent les faux papiers d'identité que son mari a obtenus.

Juillet 1944   Retour à Paris.

1948   Refusé par Gallimard, *Portrait d'un inconnu,* avec une préface de Jean-Paul Sartre, est publié chez un petit éditeur, Robert Marin.

1949   Achat d'une maison de campagne à Chérence (Seine-et-Oise) où elle continuera d'écrire en fin de semaine et pendant les vacances.

1953   *Martereau*, publié chez Gallimard qui, désormais, sera l'éditeur de l'œuvre.

1956   La publication de *L'Ère du soupçon,* essais sur le roman (recueil de trois articles publiés en 1947, 1950 et 1956 et d'un texte inédit), ouvre la voie au mouvement du Nouveau Roman. Réédition de *Portrait d'un inconnu,* chez Gallimard.

1957   Réédition de *Tropismes* aux Éditions de Minuit.

1959 *Le Planétarium*. Le roman remporte un grand succès. Nathalie Sarraute est désormais invitée à faire des tournées de conférences dans le monde entier.

1963 *Les Fruits d'or,* Prix international de Littérature en 1964. À la demande de Werner Spies, Nathalie Sarraute écrit une pièce destinée à la radio de Stuttgart, *Le Silence*, traduite par Elmar Tophoven.

Février 1964 *Le Silence* est publié dans Le Mercure de France.

1966 *Le Mensonge,* deuxième pièce, publié dans les *Cahiers Renaud-Barrault.*

Janvier 1967 Création du *Silence* et du *Mensonge* au Petit-Odéon, mise en scène de Jean-Louis Barrault.

1968 *Entre la vie et la mort.*

1970 *Isma, ou Ce qui s'appelle rien,* publié avec *Le Silence* et *Le Mensonge* chez Gallimard.

1971 « Ce que cherche à faire » : participation de Nathalie Sarraute à la décade de Cerisy-la-Salle sur le Nouveau Roman.

1972 *Vous les entendez ?* **Février** : Création de *Isma, ou Ce qui s'appelle rien* à l'Espace Cardin, mise en scène de Claude Régy.

Octobre 1975 Création de *C'est beau* au Petit Théâtre d'Orsay, mise en scène de Claude Régy. *C'est beau,* publié avec « Le gant retourné » (conférence sur son théâtre faite à l'Université de Madigan aux États-Unis) dans les *Cahiers Renaud-Barrault.*

1976 *« disent les imbéciles ».*

8 juin 1976 Docteur *honoris causa* à Trinity College (Dublin).

1978 *Elle est là*, publié dans un volume *Théâtre* avec les quatre autres pièces.

1980 *L'Usage de la parole.*

Mai 1980 Création de *Elle est là* au Théâtre d'Orsay, mise en scène de Claude Régy. **27 juin** : Docteur *honoris causa* à Canterbury (Université du Kent).

1982 *Pour un oui pour un non*, sixième pièce, publié chez Gallimard. Grand Prix national des Lettres décerné par le ministère de la Culture.

1983 *Enfance.*

1986 *Paul Valéry et l'Enfant d'Éléphant* et *Flaubert le précurseur*, articles de 1947 et 1965. **Février** : Création de *Pour un oui ou pour un non,* au Petit Théâtre du Rond-Point, mise en scène de Simone Benmussa.

1989 *Tu ne t'aimes pas.*

18 mai 1991 Docteur *honoris causa* à l'Université d'Oxford.

Avril 1993 Reprise du *Silence* et de *Elle est là*, mise en scène de Jacques Lassalle, pour la réouverture du Théâtre du Vieux-Colombier. Publication des six pièces dans un volume *Théâtre.*

1995 *Ici.* **Avril - Mai** : Exposition à la Bibliothèque nationale de France *Nathalie Sarraute, portrait d'un écrivain.*

Mai 1996 Don ou dépôt de tous ses manuscrits à la Bibliothèque nationale de France. **Juin** : Grand Prix de théâtre de la Société des auteurs et compositeurs dramatiques. **Automne** : Publication des *Œuvres complètes* dans le « Bibliothèque de la Pléiade ».

Bibliographie

Œuvres de Nathalie Sarraute

1939 *Tropismes*
Denoël.
Rééd. Éditions de Minuit, 1957, un texte supprimé, six textes nouveaux.
Les éditions en livre de format de poche reprennent cette seconde édition (UGE, 1971, coll. 10/18, n°650)

1948 *Portrait d'un inconnu.* Préface de Jean-Paul Sartre, Robert Marin.
Rééd. Gallimard, 1956
- UGE, 1964, coll. 10/18 (n°158, avec une postface d'Olivier Magny.)

1953 *Martereau*
Gallimard

1956 *L'Ère du soupçon*
Essais sur le roman
Gallimard (« Les Essais » LXXX).
Recueil de quatre essais :
« De Dostoïevsky à Kafka » (*Les Temps modernes*, octobre 1947, III, n° 25) ;
« L'Ère du soupçon » (*Les Temps modernes*, février 1950, V, n° 52),
« Conversation et sous-conversation » (*Nouvelle Nouvelle Revue française*, janvier-février 1956, n°s 37-38), et « Ce que voient les oiseaux » (inédit).
Rééd. avec une préface de l'auteur, Gallimard, 1964 (coll. « Les idées », n°42).

1959 *Le Planétarium*
Gallimard

1963 *Les Fruits d'or*
Gallimard
Prix international de littérature en 1964

1964 *Le Silence*
Le Mercure de France, février, t.CCCXLIX, n°1204.
Dernière rééd. *Théâtre,* Gallimard, 1993

1966 *Le Mensonge*
Cahiers Renaud-Barrault, avril, n°54.
Dernière rééd. *Théâtre,* Gallimard, 1993

1968 *Entre la vie et la mort*
Gallimard

1970 *Isma, ou Ce qui s'appelle rien*
(avec *Le Silence* et *Le Mensonge*)
Gallimard (coll. « Le manteau d'Arlequin »).
Dernière rééd. *Théâtre,* Gallimard, 1993

1972 *Vous les entendez ?*
Gallimard (coll. « Le Chemin »)

1975 *C'est beau*
Cahiers Renaud-Barrault, n°89
Dernière rééd. *Théâtre,* Gallimard, 1993

1976 *« disent les imbéciles »*
Gallimard

1978 *Elle est là* (avec les quatre premières pièces), *Théâtre,* Gallimard
Dernière rééd. *Théâtre,* Gallimard, 1993

1980 *L'Usage de la parole*
Gallimard

1982 *Pour un oui ou pour un non*
Gallimard
Rééd. *Théâtre,* Gallimard, 1993

1983 *Enfance*
Gallimard

1986 *« Paul Valéry et l'Enfant d'Éléphant », suivi de « Flaubert le précurseur »*
Gallimard.
Articles publiés pour le premier dans *Les Temps modernes,* janvier 1947, II, n°16, avec quelques coupures, et dans *Digraphe,* mars 1984, n°32 ; pour le second dans *Preuves,* février 1965, XV, n°168

1989 *Tu ne t'aimes pas*
Gallimard

1995 *Ici*
Gallimard

La plupart des œuvres de Nathalie Sarraute ont été reprises en « Livre de poche », ou en « 10/18 », jusqu'en 1972, puis dans la collection « Folio », Gallimard.
Les *Œuvres complètes* viennent de paraître dans la « Bibliothèque de la Pléiade » sous la direction de Jean-Yves

Tadié. L'édition comprend un choix d'articles et de conférences.

L'œuvre de Nathalie Sarraute a été traduite en plus de trente langues.

Choix d'articles et de conférences non publiés en volumes

1959 Conférence prononcée à Milan, 25 septembre 1959, au cours d'un débat sur le Nouveau Roman, Catalogue de l'exposition *Nathalie Sarraute. Portrait d'un écrivain*, Bibliothèque nationale de France, 1995.

1960 « Tolstoï », *Les Lettres françaises*, 22 septembre.

1961 « Introduction à l'*Histoire extraordinaire* » par Michel Butor, *Bulletin de la NRF*, février.

1962 Réponse à une enquête de la revue *Tel Quel*, « La littérature aujourd'hui, II », *Tel Quel*, n°9, printemps.

1963 « Nouveau Roman et réalité », *Revue de l'Institut de sociologie*, Université libre de Bruxelles, t. 36, n° 2.

1970 « Le langage dans l'art du roman », conférence prononcée au Japon, *Études de langue et littérature françaises*, Université de Seinan-Gakuin, n° 6, repris dans *Nathalie Sarraute, qui êtes-vous ?* Lyon, La Manufacture, 1987

1971 « Ce que je cherche à faire », conférence prononcée à la Décade de Cerisy-la-Salle, sur le Nouveau Roman, *Nouveau Roman : hier, aujourd'hui* II, *Pratiques*, Paris, UGE, 1972 (coll. 10/18).

1974 « Le gant retourné », conférence sur son théâtre prononcée à l'Université de Madison, *Cahiers Renaud-Barrault*, n°89, 1975, repris dans *Digraphe*, n°32, mars 1984.

Choix d'entretiens

1958 « Le roman aujourd'hui. Un entretien avec Nathalie Sarraute » de Claire Francillon *Gazette de Lausanne*, 29 novembre.

1965 « Conversation avec François Bondy », dans Yvon Belaval et Mimica Cranaki, *Nathalie Sarraute*, Gallimard.

1968 « Nathalie Sarraute et les secrets de la création », entretien avec Geneviève Serreau, *La Quinzaine littéraire*, 1er-15 mai.

1972 « Comment travaillent les écrivains », propos recueillis par Jean-Louis de Rambures, *Le Monde*, 14 janvier, repris dans l'ouvrage du même titre, Paris, Flammarion, 1978.

« Drames microscopiques », entretien avec Guy Le Clec'h, *Les Nouvelles littéraires*, 28 janvier.

1976 « Colloque avec Nathalie Sarraute, 22 avril 1976 » par Gretchen R. Besser. *The French Review*, vol. L, n°2, décembre.

1978 « Nathalie Sarraute : "mon théâtre continue mes romans" », entretien avec Lucette Finas, *La Quinzaine littéraire*, 16-31 décembre.

1979 « Comment j'ai écrit certains de mes livres », entretien avec Lucette Finas, *Études littéraires*, vol. 12, n°3, décembre.

1981 « Nathalie Sarraute », dans Jean-Louis Ezine, *Les Écrivains sur la sellette*, Paris, Le Seuil.

1983 « Nathalie Sarraute », interview par Pierre Boncenne, *Lire*, juin.

1984 « Conversation avec Nathalie Sarraute », de Serge Fauchereau et Jean Ristat, *Digraphe*, n°32, mars.

« Portrait d'une inconnue. Conversation biographique » de Marc Saporta, *L'Arc*, n°95, 4ᵉ trimestre.

1985 « Propos sur la technique du roman : Nathalie Sarraute interviewée par Alison Finch et David Kelley », *French Studies*, juillet.

« Qu'est-ce qu'il y a ? qu'est-ce qui s'est passé ? Mais rien », entretien avec Carmen Licari, *Francofonia*, n°9, automne.

1986 « À la recherche du temps présent », entretien avec Irène Sadowska-Guillon, *Acteurs*, n°34, mars.

« Nathalie Sarraute », dans André Rollin, *Ils écrivent où, quand, comment ?* Éditions Mazarine.

1987 *Nathalie Sarraute, qui êtes-vous ?* Conversations avec Simone Benmussa, Lyon, La Manufacture.

1990 « Entretien avec Nathalie Sarraute (propos recueillis en avril 1990) » dans Arnaud Rykner, *Nathalie Sarraute*, Paris, Le Seuil, 1991, « Les Contemporains ».

1992 « Nathalie Sarraute. À voix nue » entretiens avec Danièle Sallenave, sur France Culture, 23-27 mars. Extraits publiés dans *Genesis*, n°5, 1994, « Sur la langue, l'écriture, le travail ».

1993 « Un entretien avec Nathalie Sarraute », par Michèle Pardina, *Le Monde*, 26 février.

1994 « Rencontre avec Nathalie Sarraute », entretien avec Isabelle Huppert, *Cahiers du Cinéma*, n°477, mars.

1995 « Sarraute, nulle part ailleurs », entretien avec Antoine de Gaudemar, *Libération*, 7 septembre.

« Nathalie Sarraute », entretien avec Laurence Liban, *Lire*, n° 238, septembre.

Ouvrages sur Nathalie Sarraute

1982 **Sheila M. Bell**
Nathalie Sarraute : a bibliography, Londres, Grant and Cutler, (Research Bibliographies and Checklists)

1994 Complément à l'ouvrage précédent, sous forme d'une recension plus critique « The conjurer's hat : Sarraute criticism since 1980 », *Romance Studies*, n°23, printemps.

1965 **Yvon Belaval et Mimica Cranaki**
Nathalie Sarraute
Gallimard (coll. « La Bibliothèque idéale »)

1966 **René Micha**
Nathalie Sarraute
éd. Universitaires
(coll. « Classiques du XXᵉ siècle », n°81)

1967 **Jean-Luc Jaccard**
Nathalie Sarraute
Zurich, Juris

1968 **Ruth Z. Temple**
Nathalie Sarraute
Columbia, Columbia University Press (Columbia Essays on modern Writers).

1970 **Christine B. Wunderli-Müller**
Le Théâtre du masque et de la banalité dans l'œuvre de Nathalie Sarraute
Zurich, Juris

1971 **Micheline Tison-Braun**
Nathalie Sarraute, ou la Recherche de l'authenticité
Gallimard

1972 **Élisabeth Eliez-Ruegg**
La Conscience d'autrui et la conscience des objets dans l'œuvre de Nathalie Sarraute
Berne, Herbert Lang

1976 **Françoise Calin**
La Vie retrouvée. Étude de l'œuvre romanesque de Nathalie Sarraute, Minard, Lettres modernes (coll. « Situations », n°35)

Anthony S. Newman
Une poésie des discours. Essai sur les romans de Nathalie Sarraute, Genève, Droz (« Histoire des idées et critique littéraire, n°159 »)

1979 **Gretchen Rous Besser**
Nathalie Sarraute
New York, Twayne (« Twayne's world Author series », n°524)

1980 **André Allemand**
L'Œuvre romanesque de Nathalie Sarraute
Neuchâtel, La Baconnière

1981 **Valérie Minogue**
Nathalie Sarraute and The War of the Words,
Edimbourg, Edimburg University Press

Helen Watson-Williams
The Novels of Nathalie Sarraute : towards an Æsthetic
Amsterdam, Rodopi

1988 **Arnaud Rykner**
Théâtres du Nouveau Roman (Sarraute, Pinget, Duras)
José Corti

Sabine Raffy
Sarraute romancière. Espaces intimes
New York, Peter Lang (« American University Studies », série II « Romance Languages and Literature »)

1989 **Alan J. Clayton**
Nathalie Sarraute, ou le Tremblement de l'écriture
Minard (Archives des lettres modernes, n°238).

1990 **Jean Pierrot**
Nathalie Sarraute
José Corti

1991 **Arnaud Rykner**
Nathalie Sarraute
Paris, Le Seuil (« Les Contemporains »)

1995 **Françoise Asso**
Nathalie Sarraute, une écriture de l'effraction
Presses universitaires de France
(coll. « Ecrivains »)

Numéros de revues consacrés à Nathalie Sarraute

1967 *French Review,* XL, spécial Issue, hiver.

1983 *Magazine littéraire,* n°196, juin.

1984 « Aujourd'hui Nathalie Sarraute », *Digraphe*, n°32, mars.

L'Arc, n°95, quatrième trimestre.

1990 *Revue des sciences humaines,* t. LXXXXIII, n°217, janvier-mars.

1995 Livre catalogue d'exposition de la Bibliothèque nationale de France, *Nathalie Sarraute, portrait d'un écrivain,* par Annie Angremy avec la collaboration de Noëlle Giret.

Autour de Nathalie Sarraute
Textes réunis par Sabine Raffy.
Actes du colloque international de Cerisy-la-Salle des 9 et 10 juillet 1989, Annales de l'université de Besançon, n°580, Paris, les Belles Lettres.

Films (1)

1973 *Nathalie Sarraute*
Archive du XXᵉ siècle.
Film réalisé par Jean-José Marchand et Philippe Collin, production S.F.P.

1976 *Nathalie Sarraute, ou portrait d'une inconnue*
Émission de Francine Mallet, diffusée sur Antenne 2, le 31 mai.

1978 *Regard sur l'écriture : Nathalie Sarraute*
Film vidéo réalisé par Simone Benmussa, coproduction Centre Georges-Pompidou/Gallimard/Ministère des Affaires étrangères.

1979 *Nathalie Sarraute, ou la voix de l'indicible*
Film d'Yves Kovacs, diffusé sur Antenne 2, le 8 février.

1982 *Nathalie Sarraute, écrivain des mouvements intérieurs*
Portrait-interview réalisé par Isabelle de Vigan, production Unités mobiles de télévision (8, boulevard de l'Hôpital, Paris Vᵉ).

1986 *Elle est là*
Film réalisé par Michel Dumoulin.
Interprété par M. Casarès, J.-P. Roussillon, J.-P. Vaguer, M. Voita. Production INA, Festival d'Avignon, Pénélope, la Sept, Arcanal.

1988 *Pour un oui ou pour un non*
Film réalisé par Jacques Doillon, avec Jean-Louis Trintignant, André Dussolier, Joséphine Derenne et Pierre Forget, coproduction INA/Lola films/La Sept, avec la participation du CNC, couleur, 35 mm, 58 mn.

1989 *Conversations avec Claude Régy*
Film réalisé par Claude Régy, coproduction La Sept/INA, couleur, 16 mm, 98 mn.

1995 *Nathalie Sarraute*
Film réalisé par Jacques Doillon dans la collection dirigée par Bernard Rapp « Un siècle d'écrivains », coproduction France 3/INA, produit par Françoise Dumas, diffusé sur FR 3 le 27 septembre.

Enregistrements

1981 *Tropismes* et *L'Usage de la parole* (extraits) : lus par Nathalie Sarraute et Madeleine Renaud, réalisation : Simone Benmussa, Éd. Des Femmes (collection « Écrire, entendre »).

1985 *Nathalie Sarraute reads her memoir*, Spoken Arts Portable Collection (États-Unis), en langue française.

1986 *Enfance*
Éd. Auvidis (Ivry-sur-Seine), coll. « Audilivre », en collaboration avec Gallimard.

1987 *Les Fruits d'or*
Éd. Auvidis (Ivry-sur-Seine), coll. « Audilivre », en collaboration avec Gallimard.

1988 *Entre la vie et la mort*
Éd. Des Femmes.

L'Usage de la parole
Éd. Des Femmes.

1990 *Tu ne t'aimes pas*
Éd. Des Femmes.

1995 *Ici* (extraits)
Éd. Des Femmes
(La Bibliothèque des voix).

(1) Recensions d'Arnaud Rykner, dans *Nathalie Sarraute*, ouvrage cité, 1991, p. 201, pour ces deux dernières sections et du bureau des documents audiovisuels (Direction de l'Action audiovisuelle extérieure).

Programmes audiovisuels

proposés par la Direction de l'Action audiovisuelle extérieure /
Bureau des documents audiovisuels

1983 Nathalie Sarraute, écrivain des mouvements intérieurs

52 mn, vidéo couleur
réalisation : Isabelle de Vigan
image : Michel Pasquier, Dominique Barniaud
son : Michel Faure
montage : Francis Garret, Gabrielle Guillot
musique : Don Cherry
production : UMI, FR3, Témoins
distribution : Correspondances TV

Interviewée dans sa maison de Chérence, Nathalie Sarraute se définit comme un écrivain des mouvements intérieurs, des tropismes de l'être, avant que naisse la parole. Elle parle du langage du roman ou de la poésie comme un retour à l'enfance, de la coupure qu'inaugura le groupe du Nouveau Roman. L'entretien revient constamment sur la question de l'irréductibilité de la langue au réel, quel que soit le thème abordé. Elle parle du métier d'écrivain et des conditions secrètes de son travail : « A la fin, la sensation est comme chauffée à blanc, à force de travail de l'écriture, et elle se déploie de son propre mouvement. C'est ce qu'on appelle l'inspiration. »

Des extraits de *Tropismes* (1939), « Tropismes » n°9, « Tropismes » n°8 sont lus par Nathalie Sarraute, ainsi que « Le mot Amour », extrait de *L'Usage de la parole*. Elle commente aussi ses premiers articles « De Dostoïevski à Kafka » (1947) et « L'Ère du soupçon » (1950) et son roman *Portrait d'un inconnu* (1948).

1988 Pour un oui ou pour un non

60 mn, film 35 mm couleur
interprétation : André Dussolier, Jean-Louis Trintignant
réalisation : Jacques Doillon
image : Nurith Aviv
son : Jean-Claude Brisson
montage : Catherine Quesemand
production : Lola Films, La SEPT, I.N.A.

Un homme rend visite à un de ses amis pour lui demander la raison de son éloignement. Après beaucoup d'hésitations, l'ami lui avoue que c'est à cause d'une petite phrase de commentaire, une de ces expressions que l'on lâche de manière anodine semble-t-il, mais avec une certaine intonation... Ce n'est pas sans importance. Dès lors, une lutte sans merci s'engage, chacun des deux protagonistes cherchant à débusquer le sens caché, l'intention sournoise derrière les mots. Finalement, on frôle l'irrémédiable sous prétexte de se dire la vérité. Jacques Doillon a filmé au plus près cette aventure extrême du langage.

1995 Nathalie Sarraute

49 mn, vidéo couleur
réalisation : Jacques Doillon en collaboration avec Françoise Dumas
participation : Isabelle Huppert
lumière : Christophe Pollock, William Lubtchansky
image : Valentin Monge, Antoine Roch
son : Laurelt Malan, Corinne Gigon
montage : Martine Bouquin
production : France 3, I.N.A.

Jacques Doillon a choisi le mode intime pour esquisser le portrait de Nathalie Sarraute dans la collection « Un siècle d'écrivains ». De l'âge adulte, elle confie avec pudeur qu'il n'a pas vocation au récit et évoque ce qu'elle a déjà retracé dans *Enfance* : les va-et-vient entre la France et la Russie, la découverte de la littérature, le lycée Fénelon « très dur », les études d'histoire à Oxford, une période heureuse entre les livres, le tennis et l'aviron... Elle évoque aussi la rencontre essentielle avec son futur mari, qui l'initiera à la peinture. Nathalie Sarraute est toute entière inscrite dans le présent des mots et des livres, et Jacques Doillon revient sans cesse, par force, à son œuvre.

Isabelle Huppert donne, de ces textes appelant la lecture à voix haute, des extraits de l'univers de l'écrivain : *Tropismes, Enfance, Entre la vie et la mort, Tu ne t'aimes pas, L'Usage de la parole, Ici.*

Accès aux documents

Ces documents dont les droits de diffusion ont été acquis par le ministère des Affaires étrangères peuvent être mis à la disposition des services culturels français, en fonction des droits, supports et versions étrangères disponibles. Cette diffusion est destinée aux programmateurs des institutions françaises (centre, institut et alliance) ou étrangères (cinémathèque, musée, université) dans le monde entier, ou des télévisions dans certains pays.
contact : Direction de l'Action Audiovisuelle Extérieure
Division des programmes - Bureau des programmes audiovisuels
(tél : 01 43 17 86 96 - fax : 01 43 17 92 42)

Filmographie complémentaire

1973 Nathalie Sarraute
Archives du XXe siècle
300 mn, 16 mm couleur
réalisation : Jean-José Marchand, Philippe Collin
production : S.F.P.

1978 Nathalie Sarraute
Regards sur l'écriture
58 mn, vidéo couleur
réalisation : Simone Benmoussa
production : Centre G. Pompidou /B.P.I., Editions Gallimard

1986 Elle est là
70 mn, 16 mm couleur
réalisation : Michel Dumoulin
interprètes : M. Casarès, J.-P. Roussillon, J.-P. Vaguer, M. Voita
production : INA, Festival d'Avignon, Pénélope, La SEPT, Arcanal

1989 Nathalie Sarraute - conversations avec Claude Régy
98 mn, 16 mm couleur
réalisation : Claude Régy
production : La SEPT, INA

Titres parus

- Le roman français contemporain
- Le cinéma français
- Maupassant
- Livres français pour la jeunesse
- Écrivains francophones
- Sciences humaines et sociales en France
- Poésie contemporaine en France
- France - Grande-Bretagne
- Médecine en français
- Voltaire
- Philosophie contemporaine en France
- France - Arabies
- Théâtre français
- Musique en France
- Le polar français
- Livres français pour la jeunesse 2
- Jean de La Fontaine
- Claude Lévi-Strauss
- Art contemporain en France
- André Malraux
- Cinquante ans de philosophie en France
  1. Les années cinquante
- Le cinéma français 2
- La photographie

Les textes publiés dans ce livret et les idées qui peuvent s'y exprimer n'engagent que la responsabilité de leur auteur et ne représentent en aucun cas une position officielle du ministère des Affaires étrangères.